NORMAS NECESSÁRIAS PARA OBTER RIQUEZA E FORTUNA

JHON RAVELL

DEDICAÇÃO

Este livro é dedicado a todas as pessoas empreendedoras, com visão de futuro, com desejo de melhorar, que sabem que não nasceram para passar a vida inteira financeiramente dependentes do sistema ou para passar o resto da vida trabalhando por um patrão que vai enriquecendo cada vez mais e que já percebeu que quando se aposentar da empresa ou instituição para a qual trabalha, o dinheiro que vai cancelar não será suficiente para se aposentar em paz e sem o qual viverá a vida preocupações financeiras e além disso poder deixar um patrimônio econômico que possa sustentar sua família e filhos quando eles não estiverem mais ali.

CONTEÚDO

1 REGRAS NECESSARIAS PARA OBTER RIQUEZA E FORTUNA — 4
2 VOCÊ NÃO PODE FAZER ESCOLHENDO SUA VOCAÇÃO. — 29
3 LUGAR CERTO, HORA EXATA. — 33
4 EVITE A DIVIDA, SÃO COMO PESTS. — 34
5 A PERSEVERANÇA É REALMENTE NECESSÁRIA PARA A LIBERDADE E INDEPENDENCIA FINANCEIRAS. — 37
6 O QUE VOCÊ FAZ, FAÇA-O COM TODO O SEU ESFORÇO E TENTE SER CONSTANTE. — 40
7 ÀS VEZES, O SUCESSO NOS NEGÓCIOS DEPENDE DO QUE VOCÊ APRENDE E DE COMO ENSINA E EXERCITA PARA SUA EQUIPE. — 43
8 USE AS MELHORES FERRAMENTAS. — 47
9 ESTABELEÇA REGRAS EM SEU NEGOCIO. — 50
10 APRENDA ALGO ÚTIL. — 61
11 NÃO DISSIPE SEUS ESFORÇOS. — 63
12 SEJA SISTEMÁTICO. — 64
13 SEJA DOCUMENTADO DIARIAMENTE, PRINCIPALMENTE NAS NOTÍCIAS FINANCEIRAS. — 65
14 CUIDADO COM "NEGÓCIOS E OPERAÇÕES FRAUDULENTES". — 67
15 NÃO SEJA GARANTIA DE ALGUEM SEM VERIFICAR SUAS GARANTIAS — 69
16 ANUNCIE O SEU NEGÓCIO, A PROPAGANDA É MUITO IMPORTANTE — 75
17 SEMPRE SEJA CORTE E AMIGOSO COM SEUS CLIENTES — 78
18 SEJA CARINHOSO, MAS TAMBÉM SEGURO — 80
19 NÃO FALE MAIS SOBRE A CONTA — 81
20 PRESERVE SUA INTEGRIDADE. — 82

1 REGRAS NECESSÁRIAS PARA OBTER RIQUEZA E FORTUNA

Em muitos países, o problema da superpopulação avança a cada ano, diminuindo as possibilidades de se adquirir uma melhor qualidade de vida. Milhões de pessoas estudam o mesmo diploma universitário, aumentando a competição e dificultando a obtenção de um emprego bem remunerado. Quem quer realmente conquistar a independência, basta pensar nisso e adotar os meios adequados, como fazem com qualquer outro objetivo que desejem alcançar e tudo se torna mais fácil. Mas, por mais que seja fácil ganhar dinheiro, não tenho dúvidas de que muitos de meus leitores o farão.

Concordo que é a coisa mais difícil do mundo de manter. O caminho para a riqueza é, como diz o Dr. Franklin, "tão fácil quanto o caminho para o moinho". Simplesmente consiste em gastar menos do que ganhamos; esse parece ser um problema muito simples. Como o Senhor disse. Micawber, uma daquelas frases do grande Dickens, esclarece isso quando diz que ter uma renda anual de vinte libras por ano e gastar vinte libras e seis pence torna o homem o mais miserável; ao passo que, tendo uma renda de apenas vinte libras e gastar apenas dezenove libras e seis pence pode torná-lo o mais feliz dos mortais. Muitos de meus leitores podem dizer: "Nós entendemos isso: isso é economia e sabemos que economia é riqueza; nosotros sabemos que no podemos comer nuestro pastel y quedárnoslo también ". Sin embargo, quizás más casos de fracaso surgen de errores en este punto que casi cualquier otro.

Lo más terrible es el hecho de que mucha gente piensa que entiende la economía cuando en realidad não é assim. A verdadeira economia é mal compreendida, e as pessoas passam a vida sem compreender adequadamente o que é esse princípio. Alguns dizem: "Eu tenho mais renda do que muitos e aqui está meu vizinho que tem o mesmo; porém, todo ano eu tenho algum imprevisto e estou sem dinheiro; porque eles não sabem o suficiente de economia." Achamos que fazemos bem, mas não fazemos. Há homens que acham que a economia consiste em Para grandes festas, churrascos, aniversários, cortar dois dólares da conta da lavanderia e fazer todo tipo de pequenas despesas, sendo mesquinho até para comer.

A economia não é má. O infortúnio também é que essa classe de pessoas permite que sua economia siga em uma direção apenas. Eles imaginam que são tão maravilhosamente econômicos ao economizar meio dólar, onde deveriam gastar dois centavos, que pensam que podem se dar ao luxo de gastar em outras coisas. Antes que o óleo de querosene fosse descoberto ou pensado, alguém poderia passar a noite em quase qualquer casa de fazendeiro nos distritos agrícolas e você teria um jantar realmente bom, mas depois do jantar você poderia tentar ler na sala de estar e era quase impossível com algo ineficaz luz de velas. A anfitriã, vendo aquela cena, disse seu lema: "É muito difícil ler aqui à tarde; o provérbio diz "você deve ter um navio no mar para poder acender duas velas ao mesmo tempo; nunca temos uma vela extra,exceto em ocasiões adicionais. "Essas ocasiões extras ocorrem, talvez, duas vezes por ano. Desta forma, a boa mulher economiza cinco, seis ou dez dólares nesse tempo: mas a informação que poderia ser derivada de ter a luz adicional, é claro , pesaria muito mais do que uma tonelada de velas. Mas o problema não termina aqui. Sentindo-se tão econômica com coisas insignificantes, ela acredita que pode se dar ao luxo de ir à aldeia com frequência e gastar vinte ou trinta dólares em itens menores, muitos dos quais desnecessários. Essa falsa conotação costuma ser vista em empresários e, nesses casos, costuma se transformar em papel para escrever.

Você encontra bons empresários que guardariam todos os envelopes e recortes velhos e não rasgariam uma folha de papel nova, se pudessem, pelo mundo. Tudo isso está bem; Eles podem economizar cinco ou dez dólares por ano dessa forma, mas sendo tão baratos (apenas em papel timbrado), eles acham que podem perder tempo e dinheiro; têm festas caras e dirigem suas carruagens. Esta é uma ilustração de "Dr. Franklin economizando na torneira e desperdiçando no buraco da tampa"; "Penny sábio e idiota". É terrível ter que falar sobre esse tipo de pessoa com essa mentalidade, como dizem os provérbios "eles são como o homem que comprou um centavo de arenque para o jantar da família e depois contratou um treinador e quatro outras pessoas para levá-lo para casa". Nunca conheci um homem que tivesse sucesso em praticar esse tipo de economia. A verdadeira economia é fazer com que a receita sempre supere as despesas. Vista as roupas velhas um pouco mais, se necessário; dispensar o novo par de sapatos; conserte o vestido velho: viva de comida mais simples se necessário; de modo que, em todas as circunstâncias, a menos que ocorra algum acidente imprevisto, haverá uma margem na favorece a renda e ajudará a melhorar sua economia. Um centavo aqui e um dólar acolá, colocados a juros, continuam a se acumular, e assim se alcança o resultado desejado.

Talvez seja necessário algum

treinamento para atingir essa economia, mas, uma vez que você se acostume com isso, descobrirá que há mais satisfação em economizar racionalmente do que em gastar irracionais. Aqui está uma estratégia que recomendo: descobri que ela funciona como uma excelente cura para as peculiaridades e, especialmente, para a economia errada. Quando você descobrir que não tem superávit no final do ano e ainda tem um bom rendimento, aconselho que pegue algumas folhas de papel, caderno ou caderno e transforme-as em seu caderno e anote todas as despesas.

Execute duas colunas todos os dias ou semanas, uma intitulada "Necessidades" ou mesmo "Conveniências" e a outra intitulada "Luxos" e você descobrirá que a última coluna será dupla, tripla e muitas vezes dez vezes maior do que a anterior . Os verdadeiros confortos da vida custam uma pequena parte do que a maioria de nós pode ganhar. São os olhos dos outros e não os nossos próprios que nos arruínam. Se todo mundo fosse cego, exceto eu, eu não deveria cuidar de roupas ou móveis finos. "Na América, muitas pessoas gostam de repetir" somos todos livres e iguais ", mas é um grande erro em mais de um aspecto. Que nascemos "livres e iguais" é uma verdade gloriosa em certo sentido, mas nem todos nasceram igualmente ricos, e alguns que não conseguem estabelecer prioridades e equilibrar suas receitas e despesas nunca ficarão ricos! Muitos podem dizer; "Tem um homem que ganha cinquenta mil dólares por ano, enquanto eu só tenho mil; conheci aquele cara quando ele era pobre como eu; agora ele é rico e pensa que é melhor do que eu; para mostrar a ele que sou tão bom como ele, vou comprar um carro modelo tardio e uma casa na melhor região dos Estados Unidos, "nããão" não posso fazer isso, mas vou , alugue um carro de luxo e viaje esta tarde na mesma estrada que ele percorre e assim vou mostrar que sou tão bom quanto ele."

Meu amigo, você não precisa se dar ao trabalho; você pode facilmente provar que é "tão bom quanto ele"; você apenas tem que se comportar tão bem quanto ele; Mas você não pode fazer ninguém acreditar que você é rico como ele. Além disso, se usar estes "aires", só vai perder tempo e gastar o seu dinheiro, terá que fazer muitos cortes no orçamento noutras áreas, alimentação ou outras para que possa manter as "aparências" e afinal, você não vai enganar ninguém. Por outro lado, a Sra. Smith pode dizer que seu vizinho se casou com Johnson pelo dinheiro dele, e "todo mundo diz isso". Ela tem um belo casaco de cabelo de urso de mil dólares e pedirá a Smith uma imitação, e ela se sentará em um banco ao lado de seu vizinho na igreja, só para mostrar que ela pode se vestir da mesma forma também! Caros leitores, vocês não vão progredir no mundo, se a sua vaidade e inveja tomarem a iniciativa. Em muitos países, onde acreditamos que a maioria de nós deve ignorar esse princípio em relação à moda, e deixar um punhado de pessoas, que se dizem aristocratas, executar um falso padrão de perfeição e parar de lutar por esse nível, que nos faz constantemente ficarmos pobres e ande o tempo todo por causa das aparências externas. Seria muito mais sensato criar uma regra de ouro para nós mesmos e dizer: "Vamos regular nossas despesas por nossa receita e podemos um dia colher os frutos dessa ação inteligente!" As pessoas devem ser tão sensatas em relação a obter dinheiro quanto em relação a qualquer outra coisa. As mesmas causas produzem os mesmos efeitos. Você tem que entender que você não pode acumular uma fortuna seguindo sempre o mesmo caminho que leva à pobreza. Não precisamos de um profeta para nos dizer que quem vive gastando o seu dinheiro ao máximo só para fingir para os outros, por vaidade e sem mudar de pensamento, nunca poderá alcançar a independência econômica ou a liberdade financeira!

Homens e mulheres acostumados a satisfazer todos os caprichos que desejam, acharão difícil, no início, cortar suas várias despesas desnecessárias, e será uma grande prova de fogo ter que se ajustar a: viver em uma casa menor do que eles eram acostumados, com móveis menos caros, menos companhia, roupas menos caras, menos empregados, menos danças, festas, idas ao cinema, passeios de limusine, excursões, fumar charutos, beber bebidas alcoólicas e outras extravagâncias; Mas mais tarde, se tentarem o plano de criar um "ninho de ovos", ou seja, economizar uma pequena quantia de dinheiro, a juros ou investindo judiciosamente em boas terras, ficarão surpresos com o prazer que isso advém de adicionar constantemente à sua pequena "pilha", bem como a todos os hábitos econômicos engendrados por este curso.

O terno velho, o chapéu velho e o vestido velho durarão outras estações; a água da nascente tem um gosto melhor do que ele e as cervejas; um bom banho e uma caminhada rápida serão mais estimulantes do que andar no melhor carro luxuoso e até mesmo melhorarão sua saúde; um bate-papo social, uma leitura noturna no círculo familiar ou uma hora de jogo de "monopólio" ou "xadrez" será muito mais agradável do que uma festa de cinquenta ou quinhentos dólares, quando discutimos a diferença de custos e a possibilidade de dormir Sadiamente Sem dívidas para pagar e sem cartões de crédito a descoberto, começaremos a conhecer as alegrias de economizar. Milhares de pessoas pobres permanecem pobres por toda a vida e não desfrutam verdadeiramente de suas vidas assumindo dívidas ou dívidas, e dezenas de milhares se tornam assim depois de adquirirem créditos ou cartões de crédito suficientes e gastarem esse dinheiro em coisas que nunca os renderão renda., como conseqüência de traçar seus planos de vida em uma plataforma muito ampla. Algumas famílias gastam até 20 mil dólares por ano, e outras muito mais, e você dificilmente saberia como vivem com menos, enquanto outras garantem maior prazer, muitas vezes com um vigésimo dessa quantia. A prosperidade é um teste mais severo do que a adversidade, especialmente a prosperidade de repente. "O que vem fácil, vai fácil", é um velho e verdadeiro provérbio. O espírito de orgulho e vaidade, quando permitido ter domínio total, é o verme da úlcera imortal que corrói os elementos vitais dos bens materiais de um homem, sejam eles pequenos ou grandes, centenas ou milhões.

Muitas pessoas, à medida que começam a prosperar, imediatamente expandem suas idéias e começam a gastar com luxos, até que em pouco tempo suas despesas engolem sua renda e elas são arruinadas em suas tentativas ridículas de manter as aparências e "sentir".

Um homem de grande fortuna diz que quando ele começou a prosperar, sua esposa tinha um sofá novo e elegante. "Aquele sofá", diz ele, "me custou milhares de dólares!" Quando o sofá chegou em casa, ela pensou em comprar cadeiras combinando; depois, tapetes e mesas "para combinar com o sofá" e assim por diante em todo o estoque de móveis; quando finalmente foi conseguido, sua esposa disse que a própria casa agora era muito pequena e desatualizada para os móveis, e uma nova casa foi construída para combinar com as novas compras; "Assim", acrescentou o meu Amigo, "somar uma despesa de trinta mil dólares, provocada por aquele simples sofá, e selar-me, em forma de criados, carruagem e sem falar nas despesas de manutenção de um bom" estabelecimento ", um desembolsou anualmente onze mil dólares, e começamos a nos ver financeiramente apertados, enquanto, há dez anos, vivia com muito mais conforto real, a verdade ", continuou ele," aquele sofá teria me levado à inevitável falência, eu poderia ter evitado esse desfecho, só para acabar com aquela aparência e vaidade de minha esposa e não ter falido. A base do sucesso na vida é a boa saúde: essa é a verdadeira fortuna; é também a base da felicidade. Uma pessoa não pode acumular uma fortuna muito bem quando está doente. Ele não teria ambição; nenhum incentivo; nem força. Claro, existem aqueles que estão com a saúde debilitada e não podem evitar: não se pode esperar que essas pessoas acumulem riquezas, mas existem muitos com boa saúde que não sabem como tirar proveito disso!

Por tanto, se uma boa saúde é a base para o sucesso e a felicidade na vida, quão importante é estudarmos as leis da saúde, que são apenas mais uma expressão das leis da natureza! Quanto mais nos aproximamos das leis da natureza, mais perto chegamos da boa saúde e, no entanto, quantas pessoas existem que não prestam atenção às leis naturais, as transgridem em absoluto, mesmo contra sua própria inclinação natural. Devemos saber que o "pecado da ignorância" nunca é esquecido quando se trata de violar as leis da natureza; sua infração sempre acarreta a multa.

Uma criança pode enfiar o dedo nas chamas sem saber que o fará. Ele queima, e por isso sofre, o arrependimento, mesmo, não vai parar a dor ou o sofrimento. Muitos de nossos ancestrais sabiam muito pouco sobre o princípio da ventilação. Não sabiam muito de oxigênio e consequentemente construíam suas casas com pequenos dormitórios de dois por três metros sem nenhum tipo de ventilação além da entrada e esses bons puritanos se fechavam em uma dessas celas, faziam suas orações e iam para cama. Pela manhã eles voltariam para agradecer devotamente a Deus, obrigado pela "preservação de nossas vidas", durante a noite, e não havia melhor razão para ser grato. Eles provavelmente não sabiam que alguma grande rachadura ou janela, ou porta, para deixar entrar um pouco de ar fresco, poderia mantê-los seguros.

Muitas pessoas violam as leis da natureza contra sua economia, por causa da moda. Por exemplo, uma coisa tão simples criada pela natureza e ainda assim amada por muitos é o tabaco; No entanto, quantas pessoas existem que deliberadamente treinam um apetite antinatural e superam essa aversão ao fumo a tal ponto que passam a amá-lo. Eles se apoderaram de uma erva daninha venenosa e suja, ou melhor, que se apodera deles com firmeza. Há homens casados correndo por aí cuspindo suco de tabaco em carpetes e pisos, e às vezes até em suas esposas. Não Eles chutam suas mulheres abertamente como bêbadas, mas suas esposas, não tenho dúvida, muitas vezes desejam que eles estivessem fora de casa.

Outra característica perigosa é esse apetite artificial, como o ciúme, "cresce com o que se alimenta"; Quando você ama o que não é natural, cria um apetite mais forte pelas coisas prejudiciais do que o desejo natural pelas inofensivas. Há um antigo provérbio que diz que "Um mau hábito distorce nossa natureza", mas um hábito artificial é mais forte do que a natureza. Veja, por exemplo, um velho mascador de tabaco; seu amor por "mascar tabaco" é mais forte do que seu amor por qualquer Com um determinado tipo de alimento, você pode desistir de qualquer alimento saudável com mais facilidade do que a grama. Os meninos se arrependem de não ser homens ainda, gostariam de ir para a cama meninos e acordar como homens adultos e para isso copiam os maus hábitos dos mais velhos.

Os pequenos Tommy e Johnny observam seus pais ou tios fumando cachimbo e dizem: "Se eu pudesse fazer isso, também seria um homem; Tio John saiu e largou o cachimbo de tabaco, vamos experimentar. "Eles pegam um fósforo e acendem, e ele desaparece." Vamos aprender a fumar; você gosta de Johnny? Aquele menino responde com tristeza: "Não muito ;

tem gosto amargo "; Aos poucos ele empalidece, mas persiste, logo um sacrifício é oferecido no altar da moda; Mas as crianças perseveram, tentando perseverar até finalmente conquistarem seus apetites naturais e se tornarem vítimas de vícios adquiridos. O mascador de tabaco.

De manhã, ao se levantar, põe um pedaço na boca e fica ali o dia todo, nunca tirando, a não ser para trocar por um fresco, ou quando vai comer; Oh! sim, em intervalos ao longo do dia e à noite, muitos mastigadores retiram a fatia e a seguram na mão por tempo suficiente para tomar um gole, e então o "plop" volta novamente. Isso simplesmente prova que o apetite por rum é ainda maior do que o de tabaco. Quando o mascador de fumo vai a uma casa de campo e lhe mostram a plantação de uvas e frutas, e a beleza de seu jardim e lhe oferecem frutas frescas e maduras, dizem: "Meu amigo Tenho aqui as mais deliciosas maçãs, pêras, pêssegos e damascos pêssegos, importei da Espanha, França e Itália, é só ver aquelas uvas deliciosas; Não há nada mais delicioso ou mais saudável do que frutas maduras, então sirva-se; Quero ver você se deliciar com essas coisas ". Ele enrolará o amado pedaço de fumo debaixo da língua e responderá:" Não, obrigado, tenho fumo na boca ". Seu paladar foi drogado pela erva nociva, e ele perdeu, em grande parte, o gosto delicado e invejável pelas frutas. Isso mostra o que os hábitos caros, inúteis e prejudiciais causam e o que os homens se tornarão.

Falo por experiência própria. Fumei até

tremer como uma folha de álamo, o sangue subiu à cabeça e tive uma palpitação cardíaca que pensei ser uma doença cardíaca, até quase morrer de medo. Quando consultei meu médico, ele me disse "você deve parar de fumar". Não estava apenas prejudicando minha saúde e gastando muito dinheiro, mas também dando um mau exemplo para meus filhos. Obedeci a seu conselho.

Essas mesmas observações se aplicam dez vezes mais fortemente ao uso de bebidas alcoólicas.Ganhar dinheiro requer um cérebro claro. Um homem tem que ver que dois mais dois são quatro; Você deve traçar todos os seus planos com pensamento e previsão, e examinar de perto todos os detalhes do negócio. Nenhum homem pode ter sucesso nos negócios a menos que tenha um cérebro que o capacite a traçar seus planos e uma razão para guiar sua execução, então não importa quão generosamente um homem possa ser abençoado com inteligência, se o cérebro estiver confuso e seu julgamento deformado por bebidas intoxicantes, é impossível para ele conduzir seus negócios com sucesso. Quantas boas oportunidades se perdem, que nunca mais voltarão, enquanto um homem bebe vinho, com o seu amigo! Quantos negócios errados eles fizeram sob a influência do álcool? isso às vezes faz sua vítima pensar temporariamente que ela é rica.

Quantas oportunidades importantes foram adiadas para amanhã e depois para sempre, porque a taça de vinho jogou o sistema em um estado de inépcia, neutralizando as energias tão essenciais para o sucesso do negócio. Na verdade, "o vinho zomba". O uso de bebidas alcoólicas é uma ilusão, assim como o consumo de ópio pelos chineses, e o primeiro é tão destrutivo para o sucesso do empresário quanto o segundo. É um mal absoluto, absolutamente indefensável à luz da filosofia; religião ou bom senso. Ele é o pai de quase todos os outros males dos países!

2 VOCÊ NÃO PODE FAZER ESCOLHENDO SUA VOCAÇÃO

O plano mais importante e seguro de sucesso para o jovem. É começar na vida, saber escolher a vocação que mais se adapta aos seus gostos. Os pais e responsáveis costumam ser muito negligentes a esse respeito. É muito comum um pai dizer, por exemplo: "Tenho cinco filhos. Vou fazer de Billy um clérigo; John um advogado; Tom, um médico e Dick, um fazendeiro. "Então ele vai à cidade e olha em volta para ver o que fará com Sammy. Ele chega em casa e diz:" Sammy, vejo que a relojoaria é um negócio bom e elegante; fazer de você um ourives. " Ele faz isso independentemente das inclinações naturais de Sam, acreditando ser um gênio. Sem dúvida, todos nascemos com um propósito sábio. Há tanta diversidade em nossos cérebros quanto em nossos rostos. Alguns nascem como mecânicos naturais, enquanto outros têm grande aversão a máquinas. Deixe uma dúzia de crianças de dez anos se reunir e você logo notará que duas ou três estão engenhosamente "cortando" algumas; trabalhando com fechaduras ou máquinas complicadas.

Quando eles tinham cinco anos, o pai não conseguiu encontrar um brinquedo que os agradasse como um quebra-cabeça. Eles são mecânicos naturalmente, mas os outros oito ou nove meninos têm aptidões diferentes, pertencem à última classe; Nunca tiveram o menor amor pela mecânica, pelo contrário, tinham uma espécie de aversão à máquina, viam-na complicada. Nunca tive a engenhosidade de consertar uma torneira de cidra para que não vazasse. Eu nunca poderia fazer uma caneta com a qual pudesse escrever, ou entender o princípio de uma máquina a vapor.

Se aquele homem fosse pegar um menino e tentar transformá-lo em relojoeiro, o menino poderia, após um aprendizado de cinco ou sete anos, ser capaz de desmontar e montar um relógio; mas ao longo da vida estaria trabalhando para cima, porque estaria fazendo algo de que nunca gostou, mas para agradar ao pai, aproveitando todas as desculpas para largar o emprego e perder tempo, a relojoaria nunca lhe deu gosto. A menos que um homem entre na vocação que foi planejada para ele por natureza, e melhor adaptado ao seu gênio peculiar, ele não terá sucesso. Fico feliz em acreditar que a maioria das pessoas acha que sua vocação está certa. No entanto, vemos muitos que confundiram sua vocação, desde o ferreiro ascendente (ou descendente) até o clérigo. Você vê, por exemplo, aquele lingüista extraordinário o "ferreiro sábio", que deveria ter sido professor de línguas; E você pode ter visto advogados, médicos e clérigos que eram naturalmente mais adequados para a bigorna ou o colo de pedra.

3 LUGAR CERTO, HORA EXATA

Depois de garantir o local correto, você deve ter o cuidado de selecionar o Negócio correto. Você pode ter um chamado para ser hoteleiro, e eles dizem que é preciso ser um bom gênio para "saber como manter um hotel". Você poderia administrar um hotel com perfeição e atender satisfatoriamente a quinhentos hóspedes todos os dias; no entanto, se você localizar o hotel em uma pequena cidade onde não haja comunicação ferroviária ou transporte público, a localização seria sua ruína. É igualmente importante que você não abra negócios onde já existe o suficiente para atender a todas as demandas de uma mesma ocupação.

4 EVITE A DÍVIDA, SÃO COMO PESTS

Os jovens que estão começando na vida devem evitar contrair dívidas. Uma das coisas que arrasta uma pessoa para o endividamento é a doença, mas às vezes há pessoas saudáveis que se endividam e ficam doentes de tanta preocupação e estresse, mas encontramos muitos jovens, mal saíram da "adolescência". dívida (e sim, isso vem acontecendo há séculos, desde que os homens e a história podem se lembrar). Ele encontra um amigo e diz: "Olhe só: coloquei um terno novo de lado." Posso pagar pela primeira vez; bem, geralmente é esse o caso, mas se você conseguir pagar e depois ficar com o crédito novamente, estará adquirindo um hábito que o manterá na pobreza pelo resto da vida.

A dívida rouba o respeito próprio de um homem e quase o faz desprezar a si mesmo, grunhindo e gemendo porque ele só trabalha pelo que comeu ou gastou, e agora, quando lhe pedem para pagar, ele não tem mais nada para fazer. Para pagar e entregar o teu dinheiro; isso é corretamente chamado de "trabalhar para um cavalo morto". Não estou falando de comerciantes que compram e vendem a crédito, ou daqueles que compram a crédito com o objetivo de converter a compra com lucro.

O dinheiro é em alguns aspectos como o fogo; ele é um excelente servo, mas um péssimo Mestre. Quando você o tem dominado; Quando o interesse está constantemente se acumulando contra você, isso o manterá no pior tipo de escravidão. Mas faça o dinheiro trabalhar para você, e você terá o melhor e mais dedicado Servo do mundo. "Não é um servo qualquer." Nada há de animado ou inanimado que funcione tão fielmente quanto o dinheiro quando colocado a juros, bem segurado, funciona dia a dia e gerando renda passiva, chuva ou seca continuará a produzir! Portanto, não deixe isso funcionar contra você; se o fizer, não haverá chance de sucesso na vida quando se trata de dinheiro.

5 A PERSEVERANÇA É REALMENTE NECESSÁRIA PARA A LIBERDADE E INDEPENDÊNCIA FINANCEIRAS.

Quando um homem está no caminho certo, ele debe perseverar. Falo isso porque tem gente que "já nasce cansada"; naturalmente preguiçoso e sem auto-suficiência e sem perseverança. Mas eles podem cultivar essas qualidades, como Davy Crockett disse: "Lembre-se disso, quando eu morrer: certifique-se de que está certo e vá em frente." É esse vício de seguir em frente, essa determinação de não se deixar dominar por medos ou dúvidas, para que use suas energias na luta pela independência e liberdade financeira, que deve ser cultivada.

Muitos quase alcançaram o objetivo de sua ambição, mas perderam a fé em si mesmos, desviaram suas energias e o prêmio de ouro foi perdido. Com certeza, muitas vezes é verdade, como diz Shakespeare: "Há uma maré nos assuntos dos homens que, levada pela enchente, leva à fortuna." Certamente uma mão diligente e trabalhadora ganhará o Jackpot. Lembre-se do provérbio de Salomão: "A mão descuidada empobrece, mas a mão dos diligentes enriquece." Perseverança às vezes é outra palabra que devemos ter em mente a fim de alcançar independência financeira e verdadeira liberdade financeira. Muitas pessoas olham naturalmente para o lado negro da vida e fazem empréstimos, causando uma chuva de problemas em suas vidas. Eles nascem assim, o quê. eles sempre pegam emprestado, são pessoas inconstantes, de mente dupla, que serão como se fossem governadas pelo vento e carregadas, e não podem confiar em si mesmas.

Até que possam confiar em si mesmas, certamente esse tipo de pessoa não será capaz de ter sucesso. Homens que enfrentaram contratempos pecuniários e cometeram suicídio absoluto, porque pensaram que jamais poderiam superar seu infortúnio. Mas conheci outras pessoas que enfrentaram dificuldades financeiras mais sérias e as superei com simples perseverança, ajudado por uma firme convicção de que estavam fazendo justiça e que a Providência "vencerá o mal com ela. Bem". Você verá isso ilustrado em qualquer esfera da vida.

6 O QUE VOCÊ FAZ, FAÇA-O COM TODO O SEU ESFORÇO E TENTE SER CONSTANTE

Trabalhe nisso, se necessário, cedo ou tarde, na estação e fora da estação, não deixando pedra sobre pedra e sem adiar uma única hora, o que pode ser feito da mesma forma agora. O velho ditado está cheio de verdade e significado: "Vale a pena fazer qualquer coisa, vale a pena fazer bem."

Muitos homens ganham fortuna fazendo bem seus negócios, enquanto seu vizinho continua pobre para o resto da vida, porque fez apenas metade do esforço. Desejo, paixão, esforço, trabalho árduo e perseverança são requisitos essenciais para o sucesso nos negócios. A fortuna sempre favorece os bravos e nunca ajuda um homem que não confia em si mesmo.

Você não quer gastar seu tempo como o Sr. Micawber, esperando que algum milagre financeiro "apareça". Para esses homens, uma de duas coisas geralmente "aparece": asilo ou prisão; pois a ociosidade gera maus hábitos e veste o homem em farrapos. O pobre vagabundo perdulário diz a um homem rico: "Descobri que há dinheiro suficiente no mundo para todos nós, se fosse dividido igualmente; isso debe ser feito, e todos seremos felizes juntos. " "Mas", a resposta foi, "se todos fossem como você, gastariam uma fortuna em dois meses, e então o que você faria?" "Oh! Divida de novo; continue dividindo, é claro!" Jornal de Londres, o relato de um mendigo que foi expulso de uma pensão barata porque não podia pagar sua conta, mas tinha um rolo de papéis saindo do bolso do casaco, que, após análise, acabou sendo seu plano para pagar o dívida nacional da Inglaterra sem m centavo.

As pessoas têm que fazer o que Cromwell disse: "Não apenas confiar na Providência, mas manter a poeira seca." Faça sua parte no trabalho ou você não será capaz de ter sucesso. Muhammad, uma noite enquanto acampava no deserto, ouviu um dos seus cansados seguidores comentando: "Vou largar meu camelo e confiá-lo a Deus!" "Não, não, não é assim", disse o profeta, "amarre seu camelo e confie em Deus".

Faça tudo que puder por si mesmo e,

então, confie na Providência, ou na sorte, ou como o resto de vocês quiserem chamá-lo.

7 ÀS VEZES, O SUCESSO NOS NEGÓCIOS DEPENDE DO QUE VOCÊ APRENDE E DE COMO ENSINA E EXERCITA PARA SUA EQUIPE

O olho do empregador geralmente vale mais do que as mãos de uma dúzia de funcionários. Pela natureza das coisas, um agente não pode ser tão fiel a seu empregador quanto a si mesmo. Os funcionários muitas vezes negligenciam muitos pontos importantes que certamente não poderiam ter escapado à sua própria observação como proprietários. Dessa forma, confiando 100% do negócio em um funcionário, você não pode esperar ter sucesso na vida o tempo todo.

A menos que o funcionário entenda seu negócio e ninguém será capaz de entendê-lo completamente, a menos que aprenda com treinamento e experiência pessoal. Um homem pode ser um fabricante: ele tem que aprender pessoalmente os muitos detalhes de seu negócio; Você aprenderá algo todos os dias e descobrirá que cometerá erros quase todos os dias. E esses mesmos erros o ajudam no caminho das Experiências se ele as escuta. Será como o vendedor de lata ianque, que, enganado quanto à qualidade na compra de sua mercadoria, disse: "Tudo bem, tem um pouco de informação que pode ser obtida todos os dias; Nunca mais serei enganado assim. "Assim, o homem aprendeu a compre por sua experiência, e ele se tornou um dos melhores compradores de todos os tempos. Entre um dos maiores ensinamentos do Rothschild mais velho estava um, que era um aparente paradoxo: "Seja cauteloso e corajoso." Isso parece uma contradição em termos, mas não é, e há grande sabedoria na máxima. Na verdade, é uma declaração concentrada ou sumária do que já disse. Quer dizer; "Você deve ter cuidado ao fazer seus planos, mas seja corajoso em executá-los." Um homem que é apenas cauteloso nunca ousará se estabelecer e ter sucesso; e um homem que é simplesmente ousado, é simplesmente imprudente e, eventualmente, fracassará. Um homem pode ir em frente com o "troco" e ganhar cinquenta, ou cem mil dólares em especulação com ações, em uma única transação.

Mas se você tem simples audácia sem cautela, é mero acaso, e o que você ganha hoje, você perderá amanhã. Você deve ter cuidado e ousadia para garantir o sucesso. Mestre Rothschild tem outro bom conselho: "Nunca tenha nada a ver com um homem ou lugar infeliz." (Esta regra ou conselho específico também é discutido nas Leis do Poder.) Ou seja, nunca tenha nada a ver com um homem ou um lugar que nunca tenha sucesso, porque, embora um homem possa parecer honesto e inteligente, mas se ele tenta isso ou aquilo e sempre falha, é por causa de algum fracasso ou doença que talvez você não descubra, mas que, no entanto, deve existir.

A sorte não existe no mundo. Nunca houve um homem que pudesse sair de manhã e encontrar uma bolsa cheia de ouro na rua hoje? e outro amanhã, e assim por diante, dia após dia: você pode fazer isso uma vez na vida; mas quando se trata de mera sorte, é tão provável que você perca quanto encontre. "As mesmas causas produzem efeitos semelhantes." Se um homem adota os métodos certos para ter sucesso, a "sorte" não o impedirá. Se você não tiver sucesso, há motivos para isso, embora você não consiga vê-los.

8 USE AS MELHORES

FERRAMENTAS

Ao treinar um funcionário, debe ser ensinado da melhor forma, de forma que ele possa entender que nem sempre haverá as melhores ferramentas, mas você debe fazer todo o possível e dar o máximo de esforço online, sempre com os melhores resultados . Se você pega um bom trabalhador que eu consegui entender e assimilar isso, é melhor ficar, do que ficar mudando. Você aprenderá coisas novas todos os dias; e beneficia você em melhores resultados ao adquirir experiências. Ele vale mais para você este ano do que no ano passado, e ele é o último homem que você deveria despedir, contanto que seus hábitos sejam bons e ele ainda seja fiel. Se, à medida que se torna mais valioso, ele exige um aumento exorbitante de salário;

Suponha que você não possa viver sem isso, deixe para lá. Cada vez que você tem um funcionário assim é melhor despedi-lo; Primeiro, para convencê-lo de que seu lugar pode ser ocupado por outra pessoa e, segundo, porque ele é inútil se pensa que é inestimável e não pode ser poupado.

Mas você o manteria, se possível, para se beneficiar do resultado de sua experiência. Um elemento importante em um funcionário é sua mentalidade ou modo de pensar. Você pode ver anúncios que dizem "Precisa-se de mãos", mas "mãos" não valem muito sem "Cérebros". Homens que têm cérebro e experiência são, portanto, os mais valiosos e não podem ser facilmente despedidos; É melhor para eles, assim como para você, mantê-los, com aumentos razoáveis em seus salários de vez em quando.

9 ESTABELEÇA REGRAS EM SEU NEGÓCIO

Os rapazes, depois de concluírem seu treinamento ou aprendizado em negócios, em vez de seguirem seu chamado e progredirem nos negócios, muitas vezes mentem sobre não fazer nada. Eles dizem; "Aprendi meu negócio, mas não vou ser um assalariado; Qual é o propósito de aprender meu ofício ou profissão, a menos que eu comece meu próprio negócio? " "Você tem capital para começar?" "Não, mas eu vou ter." "Como você vai conseguir?" "Eu direi a você confidencialmente; Tenho uma tia rica e ela morrerá muito em breve; mas, se não o fizer, espero encontrar um velho rico que me emprestará alguns milhares de dólares para começar. Se eu conseguir o dinheiro para começar, posso fazer isso bem. " Não há erro maior do que quando um jovem acredita que terá sucesso com dinheiro emprestado.

E lembre-se que esse tipo de história ainda se repete ainda no século XXI. Por quê? Porque a experiência de cada homem corresponde à do Sr. Astor, que disse: "Era mais difícil para ele acumular seus primeiros mil dólares, do que todos os milhões sucessivos que formaram sua fortuna colossal. "O dinheiro é inútil a menos que você saiba seu valor por experiência. Dê 20 mil a um jovem e coloque-o no negócio, e ele provavelmente perderá cada dólar antes de maio ter mais um ano.

Seria como comprar um bilhete na loteria, e ganhar um prêmio, é "como vem fácil, vai fácil. "Porque é dinheiro facilmente obtido e a maioria das pessoas não sabe o valor dele devido à falta de educação financeira; nada vale para ninguém, a não ser que lhe custe esforço. Sem abnegação e economia; paciência e perseverança, e começo com o capital que você não ganhou, com certeza será mais fácil ter sucesso na criação de uma fortuna. Os jovens ao invés de "ficarem esperando os sapatos novos", devem estar acordados e com sua mentalidade empreendedora, pois nada pior do que Dar para eles tudo como um presente e agradá-los em tudo no que diz respeito à moda, o último celular ou o último objeto da moda e é uma sorte para os futuros herdeiros que assim seja. Mas se você não lhes ensinar o valor das coisas e esforce-se para ganhá-los, embora Se você for um bilionário, é ruim educá-lo financeiramente, mesmo que você acumule uma grande fortuna e morra, tenha a certeza de que em menos de um galo canta, esse herdeiro vai esbanjar, esbanjar e levar sua fortuna . nto custa a você salvar! Nove em cada dez dos ricos de nosso país hoje começaram a vida como meninos pobres, com vontade determinada, laboriosidade, perseverança, economia e bons hábitos.

Eles gradualmente continuaram, ganharam seu próprio dinheiro e o economizaram; e esta é a melhor maneira de adquirir uma fortuna. Stephen Girard começou a vida como um pobre grumete e morreu no valor de nove milhões de dólares. A. Stewart era um pobre garoto irlandês; e ele pagou impostos sobre um milhão e meio de dólares de receita, por ano. John Jacob Astor era um menino camponês pobre e morreu deixando uma fortuna de 20 milhões de dólares para sua família. Cornelius Vanderbilt começou sua vida remando um barco de Staten Island a Nova York; Ele apresentou um projeto ao nosso governo com um barco a vapor no valor de um milhão de dólares e morreu deixando uma fortuna de mais de cinquenta milhões.

Não existe uma maneira de aprender ", diz o provérbio, e posso dizer que é igualmente verdadeiro," não existe um caminho único para a riqueza ". Mas acredito que haja um caminho real para ambos. O caminho para o aprendizado é real .; o caminho que permite ao aluno expandir seu intelecto e adicionar a cada dia sua reserva de conhecimento, até que, no agradável processo de crescimento intelectual, ele seja capaz de resolver os problemas mais profundos e difíceis, contar as estrelas, analisar cada átomo do mundo, globo e mede o firmamento, é uma estrada real, e é o único caminho que vale a pena percorrer.

Então, quando se trata de riqueza: siga em frente com confiança, estude as regras e todas as coisas que podem enriquecer seu conhecimento (cursos, seminários, webinars, estude a natureza humana; porque "o estudo adequado da humanidade é o homem", e você encontrará que à medida que você expande o intelecto e o exercita, a experiência vai permitir que você a cada dia acumule mais e mais capital, que aumentará por juros e de outra forma, até que você alcance um estado de independência econômica. Você encontrará, como uma coisa geral, que os meninos pobres ficam ricos e os meninos ricos ficam mais pobres.

Por exemplo, quando um homem rico morre, ele deixa uma grande propriedade para sua família. Seus filhos mais velhos, que o ajudaram a ganhar uma fortuna, sabem por experiência o valor do dinheiro; YEles pegam a herança e aumentam, separam as partes dos filhinhos e os colocam para ganhar juros, dão tapinhas na cabeça dos pequeninos e dizem uma dúzia de vezes por dia: "Vocês são ricos;

você nunca vai ter que trabalhar, você sempre pode ter o que quiser, porque você nasceu com uma colher de ouro na boca. "O jovem herdeiro logo descobre o que isso significa; ele tem os melhores vestidos e brinquedos; ele é recheado de açúcar e quase "mata com bondade", e passa de escola em escola, acariciado e elogiado por todos. Torna-se arrogante e vaidoso, maltrata seus professores e maltrata a todos e se orgulha de ter muito dinheiro gastando o que quer. valor real do Dinheiro ou da vida, sem nunca ter ganho, mas sabe tudo sobre a "colher de ouro". Na universidade, convida os seus coitados para o seu quarto, onde organiza "Vinhos e jantares" para eles. louvado e exaltado, e todos dirão que é o melhor, sim, porque ele é muito generoso com o seu dinheiro. Ele oferece jantares de caça, conduz seus cavalos velozes, convida seus amigos para festas e mais festas, determinado a ter muito divertidos "bons momentos".

Passe a noite jogando e devassidão, e começa a cantar com seus companheiros sua canção favorita: "Não iremos para casa até de manhã." Ele os fará se juntar a ele para retirar pôsteres, bater em portas e fugir, pintando grafite. Se a polícia os prende, ele atira neles, é levado para a masmorra e paga as contas com alegria. "Ah! rapazes ", grita ele," de que adianta ser rico se vocês não conseguem se divertir? Você mesmo poderia dizer que é uma grande verdade, "caso contrário, seria ridículo"; Rapazes sem conhecimento, temerários e esbanjadores, é quase certo que o dinheiro que herdam vai perder tudo e adquirir todos os tipos de maus hábitos que, na maioria das vezes, os arruínam na saúde, no bolso e na personalidade. Neste mundo, uma geração segue a outra, e Os pobres de hoje são ricos na próxima geração ou na terceira. Sua experiência os leva a se tornarem ricos e eles deixam grandes riquezas para seus filhos pequenos. As crianças, que foram criadas no luxo, carecem de experiência e empobrecem; e depois de longa experiência, outra geração vem e novamente acumula riquezas. E assim a "história se repete", e feliz é aquele que, ouvindo a experiência alheia, evita as pedras e buracos no caminho onde muitos foram destruídos. Neste país, o homem abre qualquer negócio.

Não importa se você é ferreiro, sapateiro, fazendeiro, banqueiro ou advogado, desde que seu negócio seja legítimo, você pode se tornar um grande empresário. Portanto, qualquer negócio "legítimo" é uma bênção dupla – ajuda o homem que se dedica a ele e também ajuda os outros. O agricultor sustenta a própria família, mas também beneficia o comerciante ou mecânico que precisa dos produtos de sua fazenda. O alfaiate não só ganha a vida com seu comércio, mas também beneficia o fazendeiro, o clérigo e outros que não podem fazer suas próprias roupas. Mas todas essas profissões e ofícios são frequentemente realizados por muitas pessoas.

O grande desejo e vocação devem superar todos os outros que estão engajados na mesma ocupação. O universitário que estava se formando disse a um velho advogado: "Ainda não decidi que profissão vou seguir. Talvez seja a sua profissão: tem certeza? " "O porão está muito lotado, mas há muito espaço lá em cima", foi a resposta espirituosa e verdadeira do velho advogado. Nenhuma profissão, comércio ou vocação está lotado lá em cima. Onde quer que você encontre o comerciante ou banqueiro mais honesto e inteligente, ou o melhor advogado, o melhor médico, o melhor clérigo, o melhor sapateiro, carpinteiro ou qualquer outra coisa, esse homem é o mais procurado e sempre tem o que fazer. Como nesta nação, os americanos são muito superficiais – eles se esforçam para enriquecer rapidamente e geralmente não fazem seus negócios de forma tão substancial e abrangente como deveriam, mas que ofusca todos os outros em sua própria linha, se seus hábitos forem bons e indubitáveis integridade, não pode deixar de garantir patrocínio abundante e a riqueza que segue naturalmente. Que o seu lema seja sempre "Excelente", porque para o cumprir não existe fracasso.

10 APRENDA ALGO ÚTIL

Todo homem debe fazer seu filho ou filha aprender algum ofício ou profissão útil, de modo que, nestes dias de mudanças na sorte de ser rico hoje e pobre amanhã, eles possam ter algo tangível em que se apoiar. Essa provisão poderia salvar muitas pessoas da miséria, que por alguma virada inesperada da fortuna perderam todos os seus recursos.

DEIXE A ESPERANÇA PREDOMINAR, MAS NÃO SEJA FANTASIA DEMAIS

Muitas pessoas sempre permanecem pobres porque são fantasiosas demais. Cada obra parece-lhes um sucesso garantido e, por isso, continuam a mudar de um negócio para outro, sempre em apuros, sempre "debaixo das arquibancadas". O plano de "contar as galinhas antes que eclodam" é um erro muito antigo, mas não parece melhorar com a idade.

11 NÃO DISSIPE SEUS ESFORÇOS

Como diz o ditado: "Quem cobre muito, aperta pouco" Participe de um único tipo de negócio e faça-o com fidelidade até o sucesso, ou até que a sua experiência mostre que você deve abandoná-lo. Um martelar constante de pregos geralmente o levará a terminar a casa, para que possa ser rebitada. Quando a atenção total de um homem está focada em um objeto, sua mente estará constantemente sugerindo melhorias de valor, que escapariam dele se seu cérebro fosse ocupado por uma dúzia de assuntos diferentes ao mesmo tempo. Muitas fortunas escaparam das mãos de um homem que se envolveu em muitas ocupações ao mesmo tempo. O velho aviso de não ter muitos ferros pegando fogo ao mesmo tempo faz sentido.

12 SEJA SISTEMÁTICO

Os homens devem ser sistemáticos em seus negócios. Uma pessoa que dirige seu negócio via de regra, terá tempo e lugar para tudo, fará seu trabalho prontamente, alcançará o dobro e com metade do aborrecimento de quem o faz de forma descuidada e desorganizada. Introduzindo um sistema em todas as suas transações, fazendo uma coisa de cada vez, sempre mantendo os compromissos em dia, encontrando lazer para passatempos e recreação; Enquanto o outro homem deixa tudo pela metade, ele faz uma coisa e depois passa para outra, ele terá seus negócios com pontas pendentes e nunca saberá quando terá terminado seu trabalho diário, porque ele nunca o terá feito completamente. Claro, há um limite para todas essas regras. Devemos tentar preservar o ambiente certo e tentar ser feliz, mas sem exagerar, porque você também não pode ser muito sistemático. Há homens e mulheres, por exemplo, que guardam as coisas com tanto cuidado que nunca mais as encontram. É muito parecido com a formalidade da "burocracia" em Washington e o "Gabinete de Atenção" de Dickens, muitas promessas e nenhum resultado.

13 SEJA DOCUMENTADO DIARIAMENTE, PRINCIPALMENTE NAS NOTÍCIAS FINANCEIRAS

Sempre carregue um jornal confiável ou leia na internet em sites confiáveis notícias econômicas e materiais financeiros e mantenha-se bem informado sobre o mercado financeiro e a economia mundial. Embora quase ninguém leia mais o jornal. Hoje em dia na Internet, existem muitas invenções importantes e melhorias estão sendo feitas em todos os ramos do comércio, e aqueles que não o fazem ou se atualizam diariamente logo se verão e seus negócios serão abandonados em o frio do passado sem nenhuma evolução, nem melhorias. Sempre carregue um jornal de confiança ou leia na internet em sites confiáveis notícias econômicas e materiais financeiros e mantenha-se bem informado sobre o mercado financeiro e a economia mundial. Embora quase ninguém leia mais o jornal. Hoje em dia na Internet, existem muitas invenções importantes e melhorias estão sendo feitas em todos os ramos do comércio, e aqueles que não o fazem ou se atualizam diariamente logo se verão e seus negócios serão abandonados em o frio do passado sem nenhuma evolução, nem melhorias.

14 CUIDADO COM "NEGÓCIOS E OPERAÇÕES FRAUDULENTAS"

Às vezes vemos homens que fizeram fortunas, de repente e da noite para o dia eles param de ser pobres. Em muitos casos, isso geralmente se debe a negócios fraudulentos ou a jogos de azar e outros hábitos ruins. Quando você enriquece com seu negócio ilegítimo, pode ganhar milhares. É constantemente lisonjeado pelos amigos, que lhe dizem que nasceu com sorte, que tudo o que toca vira ouro. Passam-se alguns dias e descobre-se que debe colocar mais dez mil dólares: pouco depois lhe dizem "está bem", mas não se prevêem certas coisas, é necessário um adiantamento de mais vinte mil dólares, o que vai gerar grandes lucros; Mas antes que chegue a hora de perceber isso, a bolha estoura, ele perde tudo o que possui, e então aprende o que deveria saber a princípio, que por mais bem-sucedido que um homem possa ser em seu próprio negócio, se ele se desviar de ele e ele trata de um negócio que não entende, é como Sansão quando, sem seus cabelos, sua força se esvai e ele se torna como os outros homens.

15 NÃO SEJA GARANTIA DE ALGUÉM SEM VERIFICAR SUAS GARANTIAS

um homem tem muito dinheiro, deve investir em algum negócio que parece prometer sucesso e que provavelmente beneficiará a humanidade; mas que as somas assim investidas sejam moderadas, e nunca permita que um homem tolamente arrisque uma fortuna que acabou de ganhar investindo em coisas nas quais não teve experiência. Nenhum homem deve endossar uma nota ou tornar-se fiador ou fiador, para qualquer homem, seja seu pai ou irmão, em maior medida do que ele pode perder e não cuidar de nada, sem ter segurança.

Se há um homem que tem um capital de

vinte mil dólares; você está fazendo um comércio industrial ou mercantil próspero; você está aposentado e vive do seu dinheiro; vem até você e diz: "Você está ciente de que tenho vinte mil dólares e não devo um dólar; se eu tivesse cinco mil dólares em dinheiro, poderia comprar um determinado lote de mercadorias e dobrar meu dinheiro em alguns meses ; você vai reembolsar meu crédito por essa quantia? " Mostra que você tem vinte mil dólares e não corre risco de respaldar seu crédito; você confia em si mesmo e empresta seu nome sem ter o cuidado de obter segurança.

Pouco depois, ele mostra a nota com o fundo cancelado e diz a ele, provavelmente de verdade, "que ele obteve o benefício que esperava.com a operação ", você reflete que fez uma boa ação, e o pensamento te faz feliz. Aos poucos a mesma coisa volta a acontecer e volta a acontecer; você já ganhou sua confiança e pensa que está perfeitamente seguro para servir como fiador sem garantia. Mas o problema é que esse homem ganha dinheiro com muita facilidade.

Ele só precisa receber o crédito que o banco concede, retira e recebe o dinheiro em dinheiro. Obtenha o dinheiro rapidamente e sem esforço; sem inconveniência para si mesmo. Agora veja o resultado. Você vê uma oportunidade de especulação fora do seu negócio. É necessário um investimento temporário de apenas $ 10.000. Com certeza você voltará com o crédito aprovado pelo banco.

Coloque uma nota para esse valor na sua

frente. Você assina quase mecanicamente. Você está firmemente convencido de que seu amigo é responsável e confiável; Você faz backup de seus créditos como uma "coisa natural". Infelizmente, a especulação não vem à tona tão cedo quanto o esperado, e outra nota de $ 10.000 debe ser descontada para pagar a última no devido tempo. Antes que o crédito expire, a especulação acaba sendo um fracasso e todo o dinheiro está perdido. O perdedor diz ao amigo, o fiador, que perdeu metade de sua fortuna? Para nada.

Ele nem mesmo menciona que especulou. Mas ele está animado; o espírito de especulação apoderou-se dele; ele vê outros ganhando grandes somas dessa maneira (raramente ouvimos falar de perdedores) e, como outros especuladores, "procure seu dinheiro onde você o perde". Tente novamente. Servi-lo como fiador tornou-se crônico para você e, a cada perda, ele recebe sua assinatura no valor que quiser. Você finalmente descobre que seu amigo perdeu todas as propriedades dele e todas as suas. Você fica dominado pela admiração e pela dor e diz "é uma coisa difícil; meu amigo me arruinou ", mas você poderia acrescentar:" Eu também estraguei. "Se eu tivesse dito em primeiro lugar:" Eu farei isso, mas nunca servirei como fiador, a menos que tenha segurança e garantias suficientes " , Eu não teria ido além do comprimento de sua corda, e ele nunca teria sido tentado a desistir de seus negócios legítimos.

É uma coisa muito perigosa, portanto, a qualquer momento, permitir que as pessoas confiscam dinheiro com muita facilidade; é ser tentado a especulações arriscadas, sem mais nada. O mesmo ocorre com o jovem que começa um negócio; que ele compreenda o valor do dinheiro ganhando-o. Quando você entende seu valor, há pouco ou pouco para ajudá-lo a iniciar um negócio, mas lembre-se de que homens que ganham dinheiro com facilidade raramente têm sucesso. Você deve obter seus primeiros dólares com esforço, e com algum sacrifício, a fim de avaliar o valor desses dólares.

16 ANUNCIE O SEU NEGÓCIO, A

PROPAGANDA É MUITO IMPORTANTE

Todos nós dependemos do público para nosso apoio e crescimento. Todos negociamos com o público: advogados, médicos, sapateiros, artistas, ferreiros, cenógrafos de ópera, presidentes de ferrovias e professores universitários. Aqueles que lidam com o público devem cuidar para que seus ativos sejam valiosos; eles são genuínos e darão satisfação. Quando você receber um item que sabe que vai agradar seus clientes e que, depois de experimentá-lo, sentirão que vale a pena investir ou gastar dinheiro, diga a eles que você o tem. É importante e necessário anunciá-lo e dar-lhe publicidade de uma forma ou de outra, porque é evidente que se um homem tem um produto tão bom à venda e ninguém sabe disso, ninguém o comprará.

É preciso investir em publicidade, marketing digital e usar todos os meios possíveis para divulgar seus produtos ou serviços, há países onde quase todo mundo lê, e onde são publicados jornais, circulando números de cinco mil a duzentos mil, Não seria sábio se este canal não foi usado para atingir o público em publicidade. Um jornal entra na família e é lido pela esposa e filhos, bem como pelo chefe da família; portanto, centenas e milhares de pessoas podem ler seu anúncio, enquanto cuida da sua rotina de negócios. Muitos, talvez, leiam enquanto se deitam. Toda a filosofia de vida é, primeiro "semear", depois "colher". É assim que o fazendeiro faz; ele planta suas batatas e milho, e semeia seus grãos e então vai para outra coisa, e chega a hora em que você colhe. Mas você nunca colhe primeiro e semeia depois. Este princípio se aplica a todos os tipos de negócios, e nada mais eminentemente do que a publicidade. Se um homem tem um artigo genuíno, não há como ele colher mais lucrativamente do que "semear" o público dessa maneira. É claro que você deve ter um bom artigo e que chame a atenção de seus clientes; um artigo ruim não fará de você um sucesso permanente porque o público é mais sábio do que muitos imaginam. Homens e mulheres são egoístas e todos nós preferimos comprar onde podemos tirar o máximo proveito de nosso dinheiro e tentamos descobrir onde podemos fazer isso com maior segurança. Você pode anunciar um item falso e induzir muitas pessoas a telefonar e comprá-lo uma vez, mas será denunciado como um impostor e golpista, e seu negócio irá morrer gradualmente e deixá-lo pobre. Isto está certo. Muitas pessoas se acostumam a comprar onde encontram bons produtos e bons preços, todas precisam que seus clientes voltem e comprem novamente. Portanto, um homem que anuncia deve continuar assim até que o público saiba quem ele é e o que é, e qual é o seu negócio, ou o dinheiro investido em publicidade será perdido.

17 SEMPRE SEJA CORTE E AMIGOSO COM SEUS CLIENTES

Alguns homens têm um gênio peculiar para escrever um anúncio atraente, que prenda a atenção do leitor à primeira vista. Esse fato, é claro, dá ao anunciante uma grande vantagem. Às vezes, um homem se torna popular por causa de um pôster único ou por uma exibição curiosa em sua vitrine. Cortesia e gentileza são o melhor capital já investido em negócios. Grandes lojas, placas douradas, anúncios em chamas – tudo se provará inútil se você ou seus funcionários tratarem seus clientes de maneira abrupta ou rude. A verdade é que a gentileza e o bom trato são o patrocínio mais generoso concedido pelo homem. O homem que vende a maior quantidade de bens correspondentes de boa qualidade pela menor soma (mesmo reservando um lucro) geralmente tem melhores resultados a longo prazo. Isso nos leva à regra de ouro: "Como você gostaria que os homens fizessem a você, faça-o também" e eles farão melhor se você sempre tratá-los como se quisesse obter o máximo deles com o mínimo de retorno . Homens que negociam com seus clientes, agindo como se nunca esperassem vê-los novamente, você não vai se enganar. Eles nunca mais os verão como clientes.

18 SEJA CARINHOSO, MAS TAMBÉM SEGURO

Claro que os homens devem ser caridosos, porque é um dever e um prazer. Mas mesmo como uma questão de política, se você não tiver um incentivo maior, descobrirá que o homem generoso terá patrocínio, enquanto o avarento alienará muitos e trará miséria para sua vida por pouca caridade. Salomão disse: "Há aqueles que distribuem e mais é acrescentado a eles; E há quem retenha mais do que é justo, mas acabam na pobreza". Claro que a única verdadeira caridade é aquela que vem do coração. O melhor tipo de caridade é ajudar aqueles que estão dispostos a ajudar a si mesmos. A esmola precipitada, sem indagar sobre a dignidade do solicitante, é ruim em todos os sentidos. Mas buscar e ajudar silenciosamente aqueles que estão lutando por si mesmos é o tipo que dá, mas aumenta. Mas não caia na ideia de que algumas pessoas praticam, de fazer uma oração em vez de uma batata, e uma bênção em vez de pão, para os famintos. É mais fácil fazer cristãos com estômagos cheios do que vazios.

19 NÃO FALE MAIS SOBRE A CONTA

Alguns homens têm o hábito estúpido de contar seus segredos comerciais. Se ganham dinheiro e gostam de contar aos vizinhos como o fizeram. Não há nada a ganhar com isso e, muitas vezes, muito se perde. Não diga nada sobre seus ganhos, suas esperanças, suas expectativas, suas intenções. E isso debe se aplicar tanto às letras quanto às conversas. Os empresários devem escrever cartas, mas devem ter cuidado com o que escrevem. Neles. Se você está perdendo dinheiro, tome cuidado especial para não dizer isso, ou perderá sua reputação.

20 PRESERVE SUA INTEGRIDADE

A integridade é mais preciosa do que diamantes ou rubis. Esse conselho não era apenas notoriamente ruim, mas é a própria essência da estupidez: era o mesmo que dizer que, se você acha difícil conseguir dinheiro honestamente, pode facilmente obtê-lo desonestamente. Não saber que o mais difícil da vida é ganhar dinheiro de forma desonesta! Não sabendo que nossas prisões estão cheias de homens que tentaram seguir esse conselho; Eles não entendem que não devem ser desonestos, que logo será descoberto e que, quando seu princípio sem princípios for descoberto, quase todos os caminhos para o sucesso estarão fechados para ele para sempre. O público evita muito apropriadamente se ele duvida da integridade. Não importa o quão educado, agradável e complacente seja um homem, nenhum de nós ousamos lidar com ele se suspeitarmos de "pesos e medidas falsas". A estrita honestidade não é apenas a base de todo o sucesso na vida (financeiramente), mas em todos os outros aspectos. A integridade de caráter intransigente é inestimável. Assegura ao seu possuidor uma paz e alegria que não podem ser alcançadas sem ela, que dinheiro, ou casas e terras podem ser compradas. Um homem que é conhecido por ser estritamente honesto pode ser muito pobre, mas tem o bolso de toda a comunidade à sua disposição. Disposição, porque todos sabem que, se você prometer pagar o que emprestou, nunca os decepcione. Por uma simples questão de egoísmo, portanto, se um homem não tivesse nenhuma razão superior para ser honesto, todos descobrirão que o conselho do Dr. Franklin nunca deixará de ser verdadeiro, que "a honestidade é a melhor política". Ficar rico nem sempre é sinônimo de sucesso. "Há muitos ricos pobres", enquanto há muitos outros, homens e mulheres honestos e devotos, que nunca possuíram tanto dinheiro quanto alguns ricos esbanjam em uma semana, mas que, no entanto, são na verdade mais ricos e mais felizes do que qualquer um outro homem, pode sê-lo, desde que transgrida as leis superiores. O amor exagerado pelo dinheiro sem dúvida pode ser e é "a raiz de todos os males", mas o próprio dinheiro, quando usado corretamente, não é apenas "uma coisa útil para se ter em casa", mas também oferece a gratificação de abençoar nossas vidas, permitindo seu possuidor para ampliar o escopo da felicidade humana e da influência humana. O desejo de riqueza é quase universal, e ninguém pode dizer que não seja louvável, desde que seu possuidor aceite suas responsabilidades e as use. para a ajuda da humanidade. A história da aquisição de riquezas, no comércio, é uma história desde o início da civilização, e desde então o comércio floresceu mais, existe também a arte e a ciência produziu os frutos mais nobres. Na verdade, em geral, os bilionários e os homens ricos são os benfeitores de nossas sociedades. Graças a eles, em grande medida, devemos às nossas instituições de ensino e arte, nossas academias, escolas e igrejas. Um argumento contra o desejo ou a posse de riqueza, isto é, às vezes há avarentos que acumulam dinheiro apenas para acumular e que não têm maior aspiração do que capturar tudo ao seu alcance. Como às vezes temos hipócritas na religião e demagogos na política, eles ocasionalmente são gananciosos entre aqueles que ganham dinheiro. Essas, no entanto, são apenas exceções à regra geral. Mas quando, neste país, encontramos o incômodo e a pedra de tropeço dos avarentos, tentando sonegar impostos, podendo ajudar os outros, eles não o fazem e vivem a vida sem entender que chegará o tempo em que a poeira voltará. pó.

A todos os homens e mulheres: ganhe dinheiro honestamente, e não de outra forma, como disse o sábio Salomão: "Na casa do honesto há grande provisão; Mas problemas com os ganhos dos ímpios. " O discurso termina assim: "Não há nada melhor para o homem do que comer e beber, e que sua alma se regozije em seu trabalho. Eu também vi que isso vem da mão de Deus

www.ingramcontent.com/pod-product-compliance
Lightning Source LLC
Chambersburg PA
CBHW070258220526
45465CB00004B/1658